Éditions Usborne

Mon petit livre des chats

Éditions Usborne

Mon petit livre des chats

Sarah Khan

Maquette : Kate Rimmer

Illustrations : Stephen Lambert

Traitement numérique : Keith Furnival

Expert-conseil : Amanda Thomas

Rédaction : Kirsteen Rogers

Pour l'édition française :
Traduction : Nathalie Chaput
Rédaction : Renée Chaspoul et Nick Stellmacher

Liens Internet

Pour en apprendre davantage sur les chats, va sur **www.usborne-quicklinks.com/fr** et entre le titre de ce livre.

La sécurité sur Internet

Pour utiliser Internet en toute sécurité, veille à suivre les conseils dispensés dans notre site Quicklinks. Les sites recommandés sur Quicklinks sont régulièrement revus et mis à jour. Si un site n'est plus accessible, nous le remplacerons, si possible, par un autre site. Aucune garantie n'est toutefois donnée à cet égard, et les éditions Usborne déclinent toute responsabilité concernant la nature et l'exactitude du contenu de tout site Web autre que le leur. Nous recommandons que les enfants soient toujours surveillés lorsqu'ils consultent Internet et qu'ils ne se connectent pas aux salles de discussion.

Sommaire

Le chat

Le chat est un animal de compagnie, domestiqué depuis fort longtemps, qui est très apprécié et chéri partout dans le monde.

Ce chaton joueur appartient à la même famille que les lions, les tigres et les panthères féroces !

Un félin avant tout

Comme le lion ou le tigre, le chat domestique fait partie de la famille des félins. C'est pourquoi, quand il joue ou chasse, il se comporte de la même manière que ses cousins sauvages.

La domestication

Le chat partage la vie de l'homme depuis plus de 2 000 ans. Dans l'Antiquité, déjà, les Égyptiens domestiquaient les chats sauvages vivant dans le désert afin de lutter contre les rongeurs, qui détruisaient leurs réserves de céréales.

Les Égyptiens de l'Antiquité chassaient et pêchaient avec leurs chats. Ils rapportaient à leur maître le gibier mort.

Ses particularités

Le chat est un mammifère. À ce titre, il est un animal à sang chaud, couvert de poils, qui allaite ses petits et possède des dents distinctes pour couper et broyer la nourriture. Ces qualités se rapportent à bien d'autres animaux, dont l'homme, mais le chat, lui, peut aussi ronronner et retomber sur ses pattes. Les chats possèdent tous la même morphologie et les mêmes caractéristiques.

Seul le chat...

... peut retomber sur ses pattes...

... ronronner de plaisir...

... rentrer les griffes.

L'énorme tigre de la jungle ou le chat domestique, comme celui-ci, sont tous deux des félins. Ils ont certaines caractéristiques en commun.

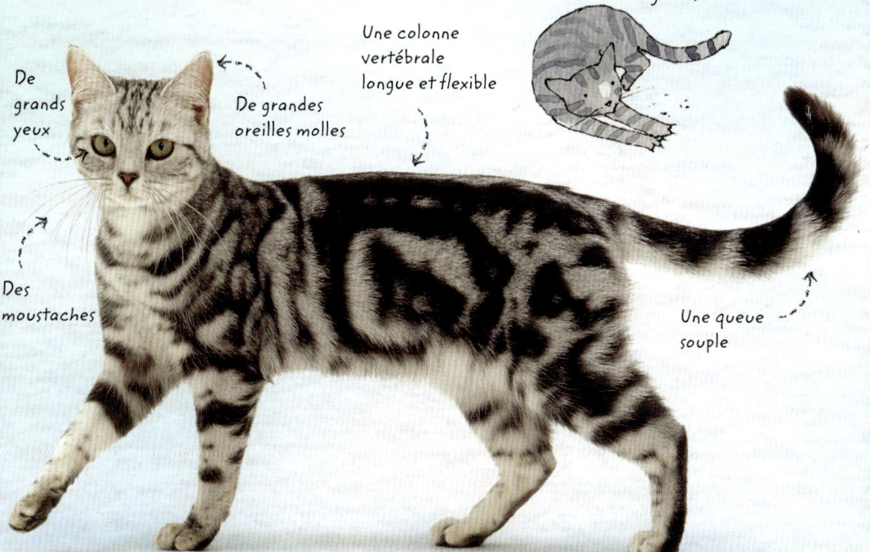

Les types

Chez le chat à poil court, la toilette est réduite par rapport à celle du chat à poil long.

Tous les chats présentent la même morphologie de base. Cependant, leurs caractéristiques physiques varient parfois légèrement, ce qui a conduit les spécialistes à classer le chat en trois types.

Le chat à poil court

En général, les chats que l'on rencontre communément sont des chats à poil court : ils présentent une fourrure fournie au poil ras. Ils possèdent d'autres caractéristiques communes, qui sont les suivantes.

Les oreilles, les yeux, la tête, la queue et les pieds sont tout en rondeur, le corps est massif et musclé, les pattes sont courtes et puissantes. Ce type de morphologie est dit « cobby ».

Ce chat à poil court vient de Grande-Bretagne. Les poils courts américains et européens sont un peu plus fins.

Le chat à poil long

Certains chats sont couverts d'une longue fourrure soyeuse, qui leur donne un air précieux. Ce sont les chats à poil long, ou Persans. La longueur du poil varie selon les parties du corps.

Le Persan est en général doté de petites oreilles ; ses pattes sont aussi plus courtes et plus épaisses.

Observe comme les poils sont plus longs autour des oreilles et du cou ainsi que sur les pattes arrière, la queue et entre les pattes avant.

Le type oriental

Lors de la classification, les spécialistes ont distingué le chat asiatique, haut sur pattes et au long corps tubulaire, qui se reconnaît à sa tête étroite et triangulaire et à ses pieds ovales. La plupart des chats asiatiques ont un pelage court, bien que certains aient le poil long.

Les oreilles pointues et la tête triangulaire sont l'apanage du type oriental.

Il existe quatre couleurs de base chez le chat (blanc, noir, chocolat et roux) ; les autres sont des variantes de ces couleurs.

Couleurs et motifs

En terme de couleur et de motif, les chats se distinguent par une grande variété de pelage, ou robe. En fait, même si certains chats se ressemblent au premier coup d'œil, il n'en existe pas deux qui soient identiques.

Patron bicolore

Patron tigré

De toutes les couleurs

Les robes des chats présentent une diversité incroyable de couleurs. Elles peuvent être composées d'une ou plusieurs couleurs, allant du noir au blanc en passant par le marron, l'argenté, le lilas et même le bleu. Les couleurs forment divers motifs, ou patrons.

Les patrons courants

Le **solide** se reconnaît aisément : le pelage est uni.

Le **bicolore** et le **tricolore** correspondent à une robe blanche avec une ou deux couleurs formant des motifs unis ou panachés.

La robe du **tigré** offre des marbrures, des rayures ou des taches plus ou moins foncées.

Avec un **patron coloré** (ou « **colourpoint** »), la couleur, plus foncée, se limite à la face, aux pattes et à la queue.

Patron coloré

Le patron de la robe d'un chaton change parfois avec l'âge. Chez ce jeune chat tacheté à poil court, les rayures se transformeront en taches.

Ce sont les multiples couleurs composant la robe d'un chat qui la font chatoyer au moindre mouvement.

Autres particularités

Il arrive qu'un chat présente une flamme, une tache s'étirant du front au nez (ou truffe). Quant au bout du nez, il est toujours rose ou noir, s'accordant à la couleur de la peau des coussinets (parties charnues situées sous le pied).

Par ailleurs, la couleur des moustaches reprend l'une des couleurs du pelage. Ainsi, chez le chat écaille-de-tortue (appelé également calico), à la robe blanc, noir et orange, comme celui sur la photo de droite, les moustaches sont soit blanches, soit noires ou un mélange des deux, mais jamais orange !

Ce chat écaille-de-tortue n'aura jamais les moustaches orange !

Le Bengale est un chat athlétique et actif.

Les races

La plupart des chats, dits de « gouttière », sont issus d'un mélange de types. En revanche, les chats de race conservent leurs caractéristiques au fil des générations. Il existe plus de 70 races dans le monde, dont :

L'*Européen à poil court*, à la robe rayée, tigrée, marbrée ou tachetée, se reconnaît à la marque en forme de M sur le front. Il demande peu d'entretien.

L'*Abyssin*, originaire d'Éthiopie, arbore une robe marbrée à poil court. Son corps est agile et musclé. Il est intelligent, curieux et explore activement son environnement. Il demande beaucoup d'affection.

L'*Anglais à poil court* (ou « *British shorthair* ») bicolore est un chat intelligent, à la tête ronde, dont la courte fourrure est couverte de taches blanches et d'une autre couleur. Il s'éduque.

Regarde bien, il n'y a pas un poil blanc parmi les poils noirs d'un chat noir et blanc à poil court !

Le **Siamois** est un chat élégant, dont la robe claire passe au brun, au bleu ou au lilas autour de la queue, des oreilles, de la face et des pieds. Proche de son maître, il n'aime pas être seul et demande beaucoup d'attention, qu'il réclame d'ailleurs bruyamment.

Ce chaton a des yeux en amande d'un bleu profond, typiques du Siamois.

L'**Himalayen** ressemble au Siamois, mais sa fourrure est plus longue et ses miaulements plus doux. Joueur et câlin, sa robe est aussi plus soyeuse que celle des autres chats à poil long.

Le Persan est le plus populaire des chats de race à poil long.

Le **Persan bleu** naît parfois avec des marques tigrées. Elles disparaissent avec l'âge. La fourrure de l'adulte est gris-bleu, sa face aplatie. Comme la plupart des chats à poil long, il est discret et affectueux.

La tête du Burmese est triangulaire.

D'origine, le **Burmese** vient de Thaïlande. Ses yeux sont jaune doré, son corps est musclé et compact ; sa robe à poil court brille. En général joueur, c'est un chat de bonne compagnie.

Drôles de chats

La fourrure de ce petit Maine Coon va s'épaissir avec l'âge et sa queue va s'allonger.

Au fil des générations, des caractéristiques particulières sont apparues chez les chats de race. De tels animaux sont rares, surtout en dehors de leur pays d'origine.

Le **Maine Coon** tire son nom du Maine, l'État des États-Unis d'où il vient, et de l'abréviation de racoon, ou « raton laveur », auquel sa grande taille et sa robe hirsute le font ressembler.

Manx

Le **Manx**, issu de l'île de Man, au large de la côte ouest de la Grande-Bretagne, est souvent dépourvu de queue, remplacée parfois par un toupet de poils.

Scottish Fold

Le **Scottish Fold**, originaire d'Écosse, se reconnaît à ses oreilles rabattues. À la naissance, elles sont droites, mais elles se replient vers un mois.

Le **Somali** ressemble à un Abyssin (voir page 12) à poil long. Il est timide. Ses oreilles dressées et sa queue fournie lui donnent l'air d'un renard.

Le **Bombay** évoque une panthère miniature. Sa robe est toute noire, brillante et épaisse. Ses yeux sont cuivrés et il ronronne fortement.

Le **Sphynx** paraît totalement chauve et nu alors qu'il est couvert d'un fin duvet. Sa peau est plissée.

Le **Si-Rex** a de grands yeux d'un bleu perçant au milieu d'une large tête triangulaire. Ses moustaches sont fines, sa fourrure légèrement frisée.

Le Bobtail japonais est une ancienne race de chat à queue courte en forme de pompon. Comme chaque queue est courbée selon un angle différent, il n'existe pas deux chats exactement pareils.

Avec leurs yeux globuleux et leurs grandes oreilles, ces Si-Rex semblent d'une autre planète. C'est surtout vrai quand ils sont encore des chatons, comme ces deux-là.

Ta chatte n'aura plus de chatons si tu prends rendez-vous chez le vétérinaire pour une stérilisation.

La gestation

Le chat est un animal indépendant, et la femelle donnera naissance à ses petits sans ton aide. Cependant, voici deux ou trois choses à faire pour lui faciliter les choses.

Prépare une boîte

- Choisis un endroit calme et abrité où la mère se sentira bien.
- Recouvre le sol de papier journal et pose une boîte en carton.
- Découpe l'un des côtés de la boîte et place du papier journal à l'intérieur.
- Tu peux ajouter une couverture, que tu tiendras propre.

À la recherche d'un abri

Une chatte peut avoir jusqu'à huit chatons. Serrés dans son ventre, ils dépendent des réserves nutritives maternelles, et prennent tant de place qu'ils compriment son estomac : la mère doit donc manger peu à chaque fois, mais souvent.

Au bon moment, tu la verras fouiner dans les placards ou sous les lits afin de trouver un endroit douillet et sûr, loin des curieux et des maladroits, où elle pourra mettre bas tranquillement. Tu peux prévoir un carton (voir ci-contre) pour la mise bas.

Prépare une boîte dans laquelle ta chatte se sentira comme dans un havre de paix, et ne la dérange pas.

Le grand jour

Chez la chatte, la gestation dure environ neuf semaines, mais le moment exact de la naissance reste un mystère. Il se peut qu'un jour, à ton réveil, tu sois salué par une mère épuisée et des miaulements venant d'une mêlée de chatons affamés.

Après avoir donné de vigoureux coups de langue râpeuse à chaque nouveau venu afin de l'encourager à respirer, elle va le laisser téter goulûment.

Ne te vexe pas si, après tous tes efforts et la fabrication d'une belle boîte, elle préfère accoucher dans le fond de l'armoire !

La mère allaite ses chatons pendant environ deux mois, jusqu'à ce qu'ils puissent avaler de la nourriture solide.

À la naissance, tous les chatons ont les yeux bleus. La couleur change au bout de six à huit semaines et ne présente sa teinte définitive que vers trois mois.

La croissance

Le chaton dépendant devient un adulte agile avant même que le petit humain ait articulé un mot. Puis le rythme de sa croissance se ralentit et, avec l'âge, il devient plus nonchalant.

Six jours après la naissance, les chatons ouvrent les yeux.

Une boule de poils

À la naissance, le chaton est si petit et si léger qu'il tient dans la paume de la main. Ses yeux et ses oreilles sont fermés. Il se blottit contre ses frères et sœurs à la recherche d'un peu de chaleur.

Grandir vite

Le lait de la chatte regorge de calories et de protéines, nécessaires à la croissance des chatons.

La maman allaite ses petits régulièrement. Ils dorment presque continuellement pour ne pas gaspiller en mouvement l'énergie tirée du lait et, au contraire, l'employer au développement physique de leur corps fragile.

À trois semaines, le chaton se dégourdit les pattes.

Rien ne l'arrête

Animal espiègle, curieux du monde qui l'entoure, le chaton déborde de vie et est très joueur. Il bondit et se précipite sur tout ce qui bouge, et se cogne partout. Mais aussi, il est vite fatigué, et il est capable de s'endormir n'importe où, parfois dans des endroits surprenants.

À un an, le chaton devient adulte. Son développement est terminé, il est plus sûr de lui. Tout en panache et à forte personnalité, il aime encore le jeu, mais n'hésite pas à s'en détourner lorsqu'il en a assez.

Le chaton s'endort dans les lieux les plus insolites.

C'est en jouant que le chaton perfectionne ses dons de chasseur.

Une vieillesse dorée

En vieillissant, le chat ralentit le rythme et savoure la joie de ne rien faire. Il peut passer la journée simplement à dormir paisiblement dans son endroit préféré.

Avec l'âge, fini le vagabondage, vive la sieste au jardin !

L'adoption

Quel que soit l'âge du chat adopté, il aura besoin de soins et d'affection toute sa vie. Un chat peut vivre plus de 15 ans.

Un animal est une source de joies à condition de ne pas fuir ses responsabilités. N'oublie pas, ce sera à toi de t'en occuper. Réfléchis aux avantages et aux inconvénients avant de te décider à adopter un chaton.

Si tu choisis un chat dont le pelage est déjà bouffant, il aura sûrement le poil long à l'âge adulte.

Pour commencer

En général, surtout pour une première adoption, il vaut mieux accueillir un chaton. Il s'habituera plus facilement à son environnement qu'un chat déjà adulte.

Demande autour de toi, aux amis ou à la famille. Il y a sûrement quelqu'un dont la chatte vient d'avoir une portée. Autrement, adresse-toi aux vétérinaires et aux refuges.

Avant d'adopter, dans la mesure du possible, cherche à savoir qui sont les parents. Leur petit leur ressemblera sans doute. De plus, si les parents sont sains et bien soignés, le chaton sera sans doute en bonne santé.

Un chaton propre et en bonne santé montre les qualités suivantes :

Une forte personnalité

Un chaton fort et actif aura besoin de jouer souvent.

Tous les chats ont une forte personnalité. Regarde-les s'amuser entre eux : cela t'aidera à en déduire leurs traits de caractère. Choisis-en un joyeux mais non agressif.

Qu'il soit timoré ou téméraire, le chaton commence par étudier son nouvel environnement quand il arrive. Avant qu'il ne parte ainsi en exploration, écarte tout ce qui peut se révéler dangereux, comme les fils électriques et les petits objets qu'il pourrait avaler.

Un chaton timide s'adaptera plus lentement.

Les premiers pas

Quelques idées pour bien l'accueillir

- Des boîtes et des sachets d'aliments pour chats
- Un bol pour boire et une gamelle pour manger
- Un bac en plastique à moitié rempli de litière
- Une couche chaude et confortable
- Un grattoir pour faire ses griffes
- Divers jouets pour chats
- Une brosse

En général, un chaton peut être séparé de sa mère vers l'âge de deux à trois mois. Voici quelques idées pour faciliter ses premiers pas dans son nouvel environnement lorsque tu le ramènes chez toi.

L'habituer

Prépare à l'avance tout ce que tu as acheté pour ton chaton. De cette façon, tu pourras t'occuper de lui dès son arrivée et il s'habituera tout de suite à ses nouveaux accessoires. Assure-toi que tout ce qu'il va utiliser à long terme, comme sa couche, sa gamelle, son bol et sa litière, sont propres et d'un entretien facile.

Un carton résistant et peu profond peut servir de couche.

Le chaton apprend à reconnaître les choses en les attrapant, en les mordant et en jouant avec.

Il faut plus ou moins de temps pour qu'un chaton s'habitue à un nouveau lieu. Pendant qu'il visite tous les coins et recoins, suis-le calmement. Il est normal qu'il se frotte contre les objets, il va les imprégner de son odeur et ils lui deviendront familiers.

Au cours de sa première exploration, laisse-le tranquille et ne cherche pas à le prendre.

Bonjour, chat va ?

N'oublie pas de faire les présentations (les chats apprécient les bonnes manières !). Gratte un peu devant lui et appelle-le par son nom, puis, doucement, tends la main vers lui et laisse-le te renifler les doigts. Il va ainsi s'habituer à ton odeur. Plus tard, tu pourras le saisir, en le prenant avec les deux mains.

Si le chaton se met à appeler sa mère, réconforte-le en le caressant gentiment.

Ce chaton est un grand timide : il approche nerveusement, avec prudence.

L'alimentation

La qualité des aliments et la fréquence des repas du chaton vont influer sur son développement. Cette minuscule boule de poils se transformera bientôt en un chat adulte fort et sain.

Les aliments solides

Pendant les deux premiers mois de leur vie, les chatons ont absorbé le lait de leur mère, mais, aussi, bien souvent, un peu de nourriture solide.

Vers six mois, ils perdent leurs dents de lait, remplacées par des dents d'adultes. Leurs canines (longues dents pointues du devant) sont conçues pour déchirer les aliments solides et les autres dents, pour mâcher.

Menu spécial chaton

- Il existe des aliments, croquettes ou autres, spécialement destinés aux chatons. Ils leur donnent l'énergie nécessaire à leur croissance.

Menu spécial chat

- Les aliments, secs ou humides, pour chat sont conditionnés sous forme de boîte, de sachet ou de paquet. Les aliments secs nettoient aussi leurs dents.

Dès l'âge d'un mois, les chatons imitent leur mère et mangent des aliments solides.

L'heure des repas

Le chat est un animal d'habitude. Il aime recevoir ses repas chaque jour au même endroit à la même heure. Pour éviter que le chaton mange trop d'un coup et se trouve affamé entre les repas, donne-lui quatre à cinq petites portions d'aliments spécial chat par jour.

Le chat n'aime pas être dérangé quand il est l'heure de manger, aussi place sa gamelle au calme.

Vers six mois, tu peux lui donner à manger deux à trois fois par jour en augmentant les portions. Vers un an, il se nourrit comme un adulte.

Quel que soit son âge, n'oublie pas de lui laisser un bol d'eau fraîche et sache qu'un chat se nourrissant de croquettes boit plus souvent.

Si l'eau n'est pas fraîche, le chaton ignore son bol ou joue avec le liquide.

Même si son pelage est mouillé, le chat a la peau sèche et chaude.

Une robe soignée

La fourrure d'un chat n'est pas qu'une belle parure de poils, c'est aussi une protection vitale. La plupart des chats ont d'ailleurs au moins deux couches de poils : la sous-couche, qui forme comme un chaud duvet de poils courts, recouverts par les poils de couverture, plus longs et imperméables.

En se léchant, le chat avale quelques poils. À force, ils forment des boules à l'intérieur de son corps, qu'il régurgite de temps en temps.

Se lécher

Le chat se lèche souvent. Il se nettoie tout en démêlant son pelage. Ce faisant, il laisse des particules de salive sur ses poils. Certaines personnes, allergiques à sa salive, peuvent ressentir des démangeaisons et éternuer.

Une mère qui lèche son petit lui fait sa toilette et renforce ses liens affectifs.

La chute des poils

Parfois le chat perd ses poils. Il y a plusieurs causes à cela : il se fait vieux, il s'est blessé ou simplement le printemps arrive. En effet, en hiver, la fourrure s'épaissit pour que l'animal garde sa chaleur, mais, dès les beaux jours, ces poils, inutiles, tombent. Cette chute printanière se remarque surtout chez les chats qui sortent. Leur pelage est en général plus dense que celui des chats d'intérieur.

Le chat d'intérieur perd moins ses poils que celui qui vagabonde dehors.

Le brossage

Si tu veux aider ton chat à se débarrasser des poils encombrants, tu peux le brosser. Le chat à poil court ne demande un brossage qu'une fois par semaine, mais, si ton animal a le poil long, brosse-le plus souvent. Commence dès son arrivée, tu verras, il s'habituera vite et se laissera faire avec plaisir.

Brosse-le doucement.

Le bon brossage

1. Avant tout, caresse le chat pour le détendre et l'habituer à être manipulé.

2. Déroule une vieille couverture ou une serviette sur tes genoux ou sur une table.

3. Pose le chat et brosse-le dans le sens du poil, d'abord le dos, puis les pattes et la queue.

4. Brosse-le aussi sous le menton et autour des oreilles. Attention aux yeux ! Évite son ventre s'il n'aime pas cela.

Une fois qu'il connaîtra son nom, tu verras ton chat arriver la queue dressée en signe amical.

L'éducation

À la différence du chiot, le chaton est réticent au dressage. Tu peux toutefois lui apprendre les bonnes manières !

Reconnaître son nom

À son arrivée, appelle-le souvent : quand vous jouez, quand tu le caresses ou quand il est l'heure de manger.

L'interdiction

Si le chaton se comporte mal, dis « non » d'une voix ferme et éloigne-le.

Passer par la chatière

Vers quatre mois, un chaton peut apprendre à utiliser la chatière. Mets-toi de l'autre côté et tente-le par des friandises ou des jeux. Laisse le battant ouvert les premiers temps, puis, peu à peu, ferme-le et appelle-le pour qu'il le pousse et sorte.

Quand il se comporte bien, récompense-le. Un peu de yaourt ou de fromage sont préférables à des restes ou à du chocolat, susceptibles de le rendre malade.

Faire ses griffes

Le chaton fera ses griffes sur les meubles tant qu'il n'aura pas appris à les faire sur un grattoir (une planche à gratter ou un arbre à chat). Pour lui montrer, saisis ses pattes avant et frotte-les d'avant en arrière sur le grattoir.

Place l'arbre à chat près de sa couche, car le chat aime se détendre après une bonne sieste en faisant ses griffes.

Faire ses besoins

Le chaton fera naturellement ses besoins dans un bac prévu à cet effet, si, à la fin de son repas, ou dès que tu le vois s'accroupir, queue dressée, tu le déposes sur la litière.

La litière est vendue sous forme de graviers d'argile agglomérants ou de copeaux de bois absorbants, comme dans ce bac.

En balade !

Certains chats n'aiment pas sortir de chez eux, mais la plupart sont des explorateurs nés, qui veulent vagabonder à leur guise. Il est préférable d'habituer peu à peu le chaton à sortir.

Le collier élastique comporte un dispositif de sécurité qui libère le chat s'il reste accroché.

Écris ton numéro de téléphone sur l'étiquette du tube d'identité. On pourra ainsi te contacter si ton chat se perd.

La première sortie

Vers quatre mois, le chaton est capable de se mesurer au vaste monde qui l'entoure. Avant de le laisser sortir, équipe-le d'un collier élastique et d'un tube d'identité.

Le meilleur moment pour l'accoutumer à l'extérieur est juste avant le repas. Comme il aura faim, il n'ira pas trop loin, soucieux de ne pas rater l'heure de manger. Pour l'encourager à sortir, sors d'abord toi-même, puis appelle-le.

À sa première sortie, pense à coincer le battant de la chatière ou à laisser la porte entrouverte. Ainsi, il pourra rentrer sans peine à son gré.

Ne t'inquiète pas si, à sa première sortie, le chaton disparaît quelques heures. Il inspecte son nouvel environnement et cela peut prendre du temps. Si tu veux qu'il revienne, sors à un moment calme et appelle-le doucement. Certains chats répondent aussi si on secoue leur boîte de croquettes.

Pour sa première sortie, ne prends pas le chaton dans tes bras. S'il sort de lui-même, il retrouvera son chemin en suivant sa propre odeur.

Voyager

Voyager en voiture, en bus ou en train avec un chat ne pose pas de problème. Le plus pratique et le plus confortable est de le transporter dans un panier en plastique dur.

Afin de l'habituer à son panier, laisse-le jouer dedans quelques jours avant le départ.

Pendant les grandes vacances, il est toutefois préférable de le laisser à la maison. Demande alors à quelqu'un de confiance de le nourrir. Il existe aussi des pensions, un peu comme des hôtels pour chats (tu peux lui laisser sa couverture préférée imprégnée de l'odeur de ta maison).

Les griffes du chat sont composées de kératine, la même substance dure dont sont faits les ongles.

Griffes et coussinets

Les pieds d'un chat sont à multiples usages. Les coussinets sont sensibles aux vibrations quand il explore son domaine ; les griffes servent à creuser, à grimper, à attaquer et à se défendre quand il part en chasse ou délimite son territoire.

Griffures et odeurs

Tous les chats font leurs griffes, c'est pour eux une façon de les aiguiser et de marquer leur territoire. Ils griffent les surfaces dures, tel un tronc d'arbre. Les griffures qu'ils laissent ainsi sont vues mais aussi senties par les autres chats, car les coussinets sont pourvus de glandes qui sécrètent des odeurs. Elles sont la marque du propriétaire.

Un chat peut également laisser des griffures simplement parce qu'il grimpe à un arbre. Il enfonce ses griffes dans le tronc pour pouvoir se hisser.

Le chaton fait ses griffes en s'étirant au maximum.

Les coussinets

Les pelotes de peau, molles et élastiques, situées sous les pieds sont des coussinets plantaires. Extrêmement sensibles aux variations de températures et de textures, ils renseignent l'animal sur le sol et les objets.

La peau qui recouvre les coussinets est rugueuse et épaisse. Elle protège le pied et empêche le chat de glisser.

Avant de décider quoi faire de cet étrange objet, le chaton le touche de ses coussinets.

À pas feutrés

En général, le chat ne sort pas ses griffes. Elles sont rétractiles : elles rentrent à volonté dans le pied. Quand il chasse, elles sont rentrées, et il ne fait pas de bruit. En outre, ses coussinets et les poils situés entre ses doigts amortissent le son : il peut donc fondre en silence sur sa victime.

Quand il marche sur un sol dur, le chat rentre ses griffes. Ainsi, elles ne s'usent pas trop vite.

Les sens

Dans son monde, le chat connaît toutes sortes d'exaltantes sensations, car sa survie dans la nature dépend de ses sens acérés, qui permettent de repérer les proies.

L'odorat

Un chat qui se frotte à tes jambes te marque de son odeur : il avertit les autres que tu lui appartiens !

Un chat qui part en chasse est sur le qui-vive. Il lui suffit de sentir un instant le sol pour savoir si une souris, ou autre, est passée par là.

Dès qu'il sent une proie, tous ses muscles se tendent et il localise le moindre bruit. L'oreille humaine est insensible aux cris des souris et autres rongeurs, mais l'oreille d'un chat les perçoit parfaitement. Il peut d'ailleurs la pointer dans la direction du bruit et se diriger droit sur lui.

Un chat en chasse s'aplatit pour que sa silhouette ne le trahisse pas.

La vision nocturne

La nuit, le chat rôde en se fiant à un autre de ses « super » sens : son excellente vision nocturne. Le moindre clair de lune, le faible éclat d'une étoile qui brille, lui suffisent à repérer une souris étourdie.

Les yeux d'un chat brillent dans le noir, car ils renvoient la lumière au moyen d'une membrane réfléchissante qui tapisse le fond de l'œil.

La navigation aux moustaches !

Si le chat voit parfaitement la nuit, sa vision de près n'est pas aussi bonne. Il doit compter sur ses moustaches, ou vibrisses. Leur sensibilité au moindre courant d'air se mouvant autour d'un objet lui permet de détecter les obstacles. Sans elles, il se heurterait aux feuilles et aux branches lorsqu'il avance sur sa proie.

Grâce à ses moustaches, le chaton apprend qu'il est risqué de mettre son nez partout.

Un gourmet délicat

Par nature, le chat est un prédateur carnivore. Il se nourrit surtout de viande et de poisson, et ignore les fruits et les plantes, car, en général, il ne perçoit pas le goût sucré.

Le thon, le saumon, le bœuf, le poulet et la dinde sont des mets de choix pour ton chat.

La mobilité

Lorsqu'il court, le chat arque son corps et propulse son arrière-train vers l'avant au moyen de ses puissantes pattes arrière.

Le squelette du chat est composé de 290 os et 517 muscles. Ses articulations font de lui un animal souple et agile, capable de courir, de sauter et de se relever après une chute.

La course

À pleine vitesse, le chat peut atteindre environ 45 km/h (c'est aussi rapide qu'un vélomoteur !), mais seulement pendant 1 minute. Après un tel effort, il doit s'arrêter. Il halète alors pour refroidir son corps.

Regarde bien : ce chat tourne la tête à gauche, et, en même temps, il balance sa queue vers la droite pour être en équilibre sur l'étroit rebord.

L'équilibre

Observe un chat qui marche : il pose un pied devant l'autre comme s'il suivait une ligne imaginaire. Il est ainsi capable de marcher sur les rebords étroits et les clôtures. Il maintient son équilibre en balançant sa queue, un peu comme un funambule avec son balancier.

Sauter

Comparativement à l'homme, le chat peut sauter plus haut et plus loin. Ses pattes arrière musclées et ses coussinets arrière puissants agissent comme un ressort.

Un chat qui saute peut faire un bond de sept fois sa propre hauteur.

L'art de tomber

Selon le vieil adage, le chat aurait neuf vies. On pense que cette superstition est due à sa capacité de sauter de haut, volontairement ou non, sans se briser les os ou de retomber toujours sur ses pattes sans égratignures, ou si peu.

Le chat n'a pas de clavicule et sa colonne vertébrale est élastique. Il peut ainsi arquer son corps et le tourner dans tous les sens afin de retomber en avant. Un chat qui chute, même d'une hauteur insignifiante, s'arrangera toujours pour atterrir sur ses pieds.

Lors d'une chute, le chat projette d'abord en avant sa tête et ses pattes avant, puis le corps suit.

Corps et pattes avant étirés au maximum : c'est la position parfaite pour atterrir sans encombre.

La chasse

Même le mieux nourri et domestiqué des matous a le réflexe de chasser. Le frisson que lui procure la traque le garde en bonne santé et ajoute du piment à sa vie sédentaire.

Un silence de mort

Le chat peut rester des heures immobile à observer sa proie. Quand la victime est repérée, la traque débute. Il se tapit au sol, sa tête, son corps et sa queue bien alignés, puis il dresse les oreilles et rampe en silence.

Près de sa proie, il s'immobilise, redresse son arrière-train et se balance d'un côté puis de l'autre, le bout de la queue agité par l'excitation, avant de fondre sur sa victime.

Parfois, devant une proie, le chat claque des dents, imaginant à l'avance qu'il la dévore.

Ce chat rampe vers l'oiseau et se prépare à s'abattre sur lui.

Ce chaton joue à attraper la souris en peluche. Il la maintient au sol avec sa patte.

Scarabée ou levraut, le chat est un chasseur peu difficile qui se contente de tout ce qui passe à sa portée. En général, le chat d'appartement ne mange pas sa victime, mais joue un moment avec avant de la tuer, ou ensuite.

Le jeu est l'occasion de laisser le chat jouir de l'excitation de la chasse aussi longtemps qu'il le voudra.

C'est un cadeau !

Parfois, un chat attrape une proie et l'offre à son maître en guise de cadeau. Si ton chat dépose un petit corps sans vie à tes pieds, c'est pour lui une façon de te montrer son affection !

L'attaque du chat est déjouée par le son du grelot.

Sauvé par le gong !

Afin de protéger la faune locale, tu peux équiper ton animal d'un collier muni d'un grelot. À chacun de ses mouvements (contre sa volonté toutefois !), le grelot tintera et fera fuir ses éventuelles victimes.

La communication

À l'instar de l'homme, le chat s'exprime. Les chats associent sons et mouvements pour communiquer entre eux et avec leurs maîtres.

Des chats qui se connaissent et s'apprécient se frottent l'un à l'autre pour échanger leurs odeurs.

Sociable

Un chat qui est content de te voir va dresser la queue et orienter les oreilles dans ta direction. Il peut aussi faire le dos rond et pousser des cris en signe de bienvenue.

Le ronronnement

Si ton chat est détendu et épanoui, il te le fera savoir par un ronron et peut-être même en roulant sur le dos pour te montrer son ventre.

Le chat a le ventre sensible ; seul un chat qui est en confiance roulera sur le dos pour l'exposer.

La colère

Un chat montre sa colère en cinglant l'air de sa queue et en rabattant ses oreilles en arrière. Il peut même siffler et cracher, gonfler sa fourrure pour paraître plus imposant et sortir les griffes, comme s'il se préparait au combat. Surtout, laisse-le tranquille !

La peur

Un chat acculé par un ennemi – un autre chat ou un chien agressif par exemple, peut prendre peur et s'enfuir aussi loin que possible, les oreilles rabattues en signe de crainte. S'il se sent pris au piège, ses yeux vont s'agrandir et en signe d'avertissement, il peut lever une patte pour montrer les griffes, prêt à frapper si l'ennemi s'approche trop.

Bavard

En général, les chats communiquent entre eux par le langage du corps, mais, pour s'adresser à leurs maîtres, beaucoup comprennent qu'il leur faut utiliser une palette de miaulements plus expressifs. Chaque chat a ses propres variétés de « miaou » : le rythme, le volume et la hauteur de ses cris varient en fonction de ses désirs.

Le chat ne miaule pas pour communiquer avec les autres animaux. Il réserve ses miaulements à l'homme.

Prêt à se battre, ce chat hérisse son poil pour paraître plus gros et plus dangereux.

Un chat apeuré recule et se fait aussi petit que possible.

Le Siamois miaule aussi quand il bâille, pour signifier son ennui.

La toilette

Le chat s'étire dans tous les sens pour se laver.

Le chat est un animal qui attache beaucoup d'importance à la propreté. Il lèche régulièrement sa fourrure, mais ne peut pas se brosser les dents ou laver ses jouets !

Une fourrure rutilante

Le chat se lèche pour nettoyer sa fourrure. Il ne se contente pas de la mouiller, il la peigne de sa langue, défait les nœuds et en ôte les saletés de ses dents. Tu verras ton chat adopter toutes sortes de positions incroyables pour atteindre les endroits les plus inaccessibles : il peut presque se plier en deux et lever la patte par-dessus son épaule !

En se léchant, le chaton actionne les peignes situés sur sa langue et se débarrasse de la saleté tout en coiffant son poil.

Débarbouillage

Le chat utilise sa patte comme toi ton gant de toilette. Il la lèche bien pour l'humidifier, puis la passe soigneusement derrière ses oreilles, sur sa tête et sur sa face.

Le chat passe la patte sur sa face encore et encore, jusqu'à ce qu'il soit bien propre.

Le brossage des dents

Comme toi, le chat doit se laver les dents régulièrement. Dans la nature, il lui suffit de déchirer la peau de sa victime et d'en broyer les os pour déloger les microbes qui attaquent ses dents.

Mais le chat d'appartement doit faire appel à son maître. Il existe des brosses à dents et du dentifrice spécial chats ou des biscuits secs qui nettoient les dents du chat qui les mâche.

La plupart des chats n'aiment pas l'odeur de la menthe : les dentifrices pour chats ont un goût de poisson ou de poulet !

L'hygiène

Le chat aime la propreté : elle commence par lui, mais continue avec tout ce qu'il utilise. Il faut laver sa gamelle tous les jours et changer régulièrement sa litière. Le bac doit lui aussi être lavé une fois par semaine.

Le chat recouvre ses excréments. Donc même si le bac semble propre, la litière a peut-être besoin d'être renouvelée.

Le jeu

Si la mère trouve que les chatons jouent de façon trop brutale, elle intervient, les bousculant et grognant pour les ramener au calme.

Quel que soit son âge, le chat aime bien jouer. Ses ébats ludiques entretiennent sa forme et le divertissent ; il exerce aussi ses dons de chasseur.

De l'action et de l'aventure

Le chaton commence à jouer avec sa mère, ses frères et ses sœurs. Les jeunes chats tentent d'attraper la queue maternelle et luttent entre eux.

Ces chatons ne s'affrontent pas pour de vrai. Le jeu consiste à faire semblant de lutter, mais ils s'envoient des signaux d'apaisement.

Ne le cherche plus, ton chaton s'est trouvé un abri improbable !

Même seul, le chat, curieux de nature, part en exploration et s'invente des passe-temps. Par exemple, il peut s'obstiner à s'introduire dans un espace réduit ou à escalader une haie monumentale, pour le seul plaisir du jeu.

L'escalade est une seconde nature chez le chat et même un chaton brave les plus hauts sommets. Descendre n'est toutefois pas le plus facile. Garde un œil sur lui au cas où il aurait besoin d'une main secourable.

Ce chaton joue à chasser : il se prépare à sauter sur la balle !

Le jeu est excitant...

Le chat adore courir après les jouets. Il raffole de ceux qui roulent sur le sol ou de tout ce qui pendille au bout d'une ficelle. Attention, ne le laisse pas mordiller la ficelle, car les morceaux qu'il avalerait peuvent lui causer des problèmes de santé.

De temps en temps, laisse ton chat attraper le jouet et encourage-le pour qu'il ne soit ni frustré ni découragé.

... et dangereux

Parfois, le chat, tout à son plaisir, se blesse ou fait mal à son partenaire de jeu. Il ne se rend plus compte, aussi, ne le laisse pas t'attraper avec ses griffes. Calme-le en lui parlant doucement et éloigne-toi. Tu peux même partir pour bien lui faire comprendre qu'il ne doit pas te griffer.

Éloigne les objets qu'il pourrait avaler, comme les billes, ou qui pourraient le blesser, comme les ciseaux.

Jouer ensemble

Tu n'as pas besoin d'acheter des jouets onéreux pour divertir ton chat. Tu peux lui en fabriquer toi-même. Voici quelques suggestions faites avec trois fois rien.

Les chatons raffolent du bruit que fait une paille quand ils la mâchent.

Ça roule !

Un chat s'amusera seul avec un objet qui roule. Une balle de ping-pong, du papier froissé, une chaussette propre et roulée en boule, une paille à boire ou même un rouleau en carton feront l'affaire. Tu peux aussi fabriquer un jouet plus sophistiqué : prends une bouteille en plastique propre, remplis-la de croquettes et, sans mettre le bouchon, laisse-la rouler afin que la nourriture s'en échappe peu à peu.

Remplis une bouteille en plastique de friandises pour chat. Elles sortiront au fur et à mesure.

Ça vole !

Le chat aime aussi jouer avec un objet attaché au bout d'une ficelle et que tu laisseras se balancer au-dessus de sa tête. Attention, l'objet doit être résistant et de bonne taille pour que l'animal ne puisse pas l'avaler (par exemple, une pomme de pin, une bobine de fil). Quoi que tu choisisses, fixe-le solidement pour qu'il ne se détache pas en jouant.

Le chat saute pour attraper un objet qu'on balance devant lui, comme il le ferait avec un oiseau.

Boîtes et sacs

Mets de côté toutes sortes de boîtes en carton et de sacs en papier (jamais de sacs en plastique, car ton animal pourrait s'étouffer) et arrange un coin jeu pour ton chat. Tu peux cacher des friandises pour chats et des jouets dans des récipients pour ajouter un élément de surprise.

Il faut surveiller les chatons quand ils jouent. C'est donc une bonne idée d'aménager un endroit comme celui-ci si tu gardes plusieurs animaux.

Fabrique une sorte de maison de chats dans un grand carton solide percé de trous.

Boule de papier froissée

Bobine de fil

Poisson en tissu rembourré

Le sommeil

Un chat qui rêve est actif : ses pupilles bougent derrière ses paupières, ses pattes tressaillent et ses moustaches remuent.

Se démener comme un diable ou manger comme un ogre, c'est fatigant ! Rien de tel qu'une bonne sieste réparatrice après l'effort. Le chat est un animal actif la nuit, qui peut dormir jusqu'à 16 heures dans la journée.

Un chat ne dort profondément que s'il se sent entièrement en sécurité. Dans ce cas, il s'enroule sur lui-même.

La sieste

Le chat préfère plusieurs petites siestes à un long sommeil. Tout en somnolant, ses sens restent actifs et il s'agite, prêt à l'action. S'il entend un bruit ou sent un mouvement autour de lui, il ouvre un œil, évalue la situation et se rendort si aucun danger n'est à craindre.

Ce chat semble dormir tout son soûl, mais ses oreilles s'orientent en fonction des bruits alentour.

Un bon lit ?

Lorsqu'il s'agit de trouver un endroit où dormir, le chat peut faire des choix parfois insolites. Même s'il aime la couche que tu lui destines, il peut décider de s'endormir dans un lieu totalement différent, pourvu qu'il y soit confortable et en sécurité. Ce peut être à l'ombre fraîche en été, où il pourra s'étirer tranquillement ou, s'il fait froid, enroulé en boule dans un endroit bien au chaud.

Ce bonnet en laine est un sac de couchage idéal pour un chaton frileux.

Les étirements

Lorsqu'il se réveille après un long sommeil, le corps du chat est raide et engourdi. Il va étirer ses membres un par un pour assouplir ses articulations et se sentir en forme.

Il respecte toujours un ordre strict. D'abord, il allonge le dos, puis les pattes, avant et arrière. Ainsi, il active sa circulation sanguine et se met en condition pour affronter la journée.

À la nuit tombée

Bien éveillé et rôdant dans une maisonnée endormie, ton chat s'ennuie et fait des bêtises.

Dans la nature, un chat dort la journée et chasse la nuit, quand les petits animaux sortent précipitamment des terriers et des nids à la recherche de nourriture. Ton chat a beau être domestiqué, il a gardé le même comportement qu'un chat sauvage.

Terreurs nocturnes

Si ton chat ne peut pas sortir, ta maison va devenir son territoire de chasse. Il va inspecter toutes les pièces, sentir les souris sous le plancher et les autres chats qui, eux, sont dehors. Frustré, il peut alors se mettre à miauler, déclenchant alentour une avalanche de cris assez forts pour réveiller toute la maison.

Il s'en prend aux meubles et aux parquets.

Heureusement, les nuits sans sommeil et les chats grognons sont évitables. Pose une chatière et ton chat pourra dépenser son énergie à l'extérieur.

Si tu ne peux pas laisser sortir ton chat, éduque-le en l'habituant à dormir la nuit.

Une chatière permet au chat d'explorer le voisinage.

Dans les bras de Morphée

Si tu veux que ton chat dorme la nuit, il faut toutefois le fatiguer dans la journée. Cela peut être fastidieux, mais te permettra de resserrer les liens avec ton compagnon.

Réserve-lui une heure en fin d'après-midi à jouer ensemble. Cet exercice physique quotidien lui permettra de satisfaire ses besoins de chasseur. Quelques croquettes cloront la séance et ton chat, épuisé mais comblé, dormira d'un sommeil réparateur.

Le chat ne changera ses habitudes naturelles d'animal nocturne qu'au bout de quelques semaines.

Jouer avec ton chat en fin d'après-midi te garantira une bonne nuit.

Ces chatons sont épuisés par une dure journée à faire des bêtises !

Un jardin à lui

Les chats aiment beaucoup mâcher une herbe appelée le dactyle. Ses feuilles longues et larges sont faciles à mordre.

La plupart des chats aiment explorer le jardin du voisin, ce qui n'est pas toujours du goût de ce dernier, car ils creusent des trous et mâchent de l'herbe. Encourage ton chat à rester dans ton jardin en rendant celui-ci aussi accueillant que possible.

Une zone couverte d'une terre fine, entourée de buissons et d'accès facile depuis la maison, fera office de « petit coin » idéal pour ton chat.

Un endroit à lui

Le voisin se plaint sans doute que ton chat confond son jardin avec les toilettes publiques. Pour y remédier, réserve à ton animal un endroit dans ton jardin où il pourra faire ses besoins en toute intimité (les chats sont des animaux pudiques !). Creuse la zone délimitée, disperse dessus de la litière pour chats et apprends-lui à faire dans ce « petit coin ». Ensuite, il te suffira de retourner la terre pour le garder propre.

Les spécialistes pensent que l'herbe aide le chat à vomir, en le débarrassant des boules de poils qu'il a pu avaler.

Les plantes néfastes

Si ton chat mâche de l'herbe, ne t'inquiète pas : cela ne lui fait pas de mal, il se purge. Il y a toutefois certaines plantes néfastes (voir ci-contre) qu'il faut lui interdire en les entourant de choses dont l'odeur lui est désagréable, comme des zestes de citron, du gros gravier ou des coquilles d'œufs.

Voici quelques-unes des plantes courantes néfastes pour les chats :

- Digitale
- Géranium
- Souci
- Lis
- Narcisse
- Rhododendron

L'herbe-à-chat

L'herbe-à-chat, ou cataire, porte bien son nom : son odeur attire les chats. Ils se roulent dedans avec délice ou passent et repassent en s'y frottant. Cette herbe pousse bien dans n'importe quel sol et leur est bénéfique. Alors pourquoi en priver ton jardin ?

Si tu n'as pas de jardin, il suffit de planter un pot avec de l'herbe-à-chat.

En bonne santé !

Voici quelques signes pouvant indiquer que ton chat est malade :

- Il ne mange pas
- Il mange trop
- Sa toux persiste
- Il éternue sans arrêt
- Il se gratte sans cesse

Un chat en bonne santé et qui a une vie heureuse est un chat soigné et bien entretenu par son ou sa propriétaire, qui l'amène régulièrement voir le vétérinaire – au moins une fois par an.

Des hôtes indésirables

Même le plus bichonné des chats peut être porteur de minuscules animaux indésirables tels que des puces, des vers ou de la gale auriculaire. Ces parasites vivent dans la fourrure de l'animal ou sur sa peau. Pour les empêcher de l'incommoder, il existe des traitements efficaces, sous forme de gouttes, de sirop, de pilule ou de spray, à utiliser à la moindre alerte, même sur le chaton.

Si ton chaton, comme celui-ci, gratte ses oreilles infectées par un dépôt noir et malodorant, il a sans doute la gale des oreilles.

Les visites chez le vétérinaire

À neuf semaines

Le chaton rend visite au vétérinaire pour des vaccins (premières injections) contre le coryza et la leucose féline.

À trois mois

Seconde visite pour le rappel des vaccins.

Entre quatre et six mois

Le chat est en âge d'être castré ou stérilisé. Ces opérations simples empêchent toute paternité ou maternité.

Chaque année

Il faut faire les rappels des vaccins tous les ans pour une protection continue.

Certains spécialistes avancent que les vibrations produites lors du ronron pourraient accélérer la guérison des fractures osseuses.

Après le rappel des vaccins, garde le chaton à l'intérieur pendant deux semaines (le temps que l'immunité prenne effet).

La vieillesse

Le chat âgé est parfois trop fatigué ou fragile pour faire sa toilette. C'est à son maître de le brosser chaque jour, de lui couper les griffes, si besoin, et de le garder alerte en jouant gentiment.

Avec l'âge, le chat est plus souvent malade, ou se blesse souvent, et se remet moins bien.

Les expositions

La toute première exposition officielle s'est tenue en 1871, au Crystal Palace de Londres, en Grande-Bretagne. Il y avait une catégorie intitulée « chats d'ouvriers ».

Partout dans le monde, des milliers d'amoureux de la race féline visitent régulièrement les expositions, où les plus beaux, les plus sains et les plus heureux des chats sont évalués et jugés. C'est à celui qui obtiendra le premier prix.

Certains concours incluent des compétitions d'agilité qui comprennent un parcours d'obstacles.

Au top !

Une exposition féline comprend plusieurs compétitions. On juge les chats stérilisés ou non, les chatons en dessous de dix mois (deux catégories d'âge) ou les chats âgés de plus de sept ans. Ces examens s'adressent en général à des chats ayant un pedigree (document qui atteste que les ancêtres du chat sont de race pure depuis au moins trois générations), mais les chats de gouttière (classe dite « chats de maison ») ont également leurs concours.

Chaque gagnant se voit attribuer une rosette sur laquelle est inscrite la catégorie dans laquelle il a concouru. Les couleurs diffèrent selon le classement.

Tout ou rien

Selon sa race et la catégorie dans laquelle il concourt, le chat est jugé sur divers aspects de son apparence et de son caractère.

Pour être reconnu de race, un chat doit satisfaire à certaines normes : le standard. Il est édicté par l'association qui organise l'exposition. Le chat de gouttière est lui évalué selon sa bonne santé, son allure, sa beauté et son assurance. Les juges estiment que l'animal doit être détendu et à l'aise en compagnie.

Les caractéristiques du Sacré de Birmanie sont sévèrement contrôlées :

Comment participer

Si tu souhaites faire concourir ton chat, il est préférable de te renseigner au préalable en te rendant à diverses manifestations. Parle aussi aux participants. Tu en apprendras ainsi beaucoup. Il existe de nombreux sites Internet à ce sujet, et tu peux aussi envoyer ta candidature.

Visite une exposition féline et prends note des accessoires et instruments de toilettage nécessaires aux concurrents. Quand tu participeras avec ton chat, tu sauras quoi apporter.

Dessiner des chats

Les amoureux des chats ont toujours envie de les dessiner. Leurs robes de toutes les couleurs ornées de divers motifs en font en effet des sujets parfaits pour tout artiste en herbe. Capture la personnalité sans nulle autre pareille de ton chat grâce à ces aquarelles et ces dessins au feutre.

1. Sers-toi d'aquarelles et dilue de l'orange dans de l'eau. Peins un corps ovale, comme ceci.

2. Ajoute quelques rayures avec un orange plus foncé pendant que le papier est encore humide.

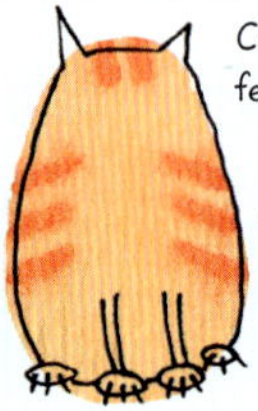

Contour au feutre fin

3. Quand c'est sec, trace le contour du chat avec ses pattes terminées par des pieds ovales griffus.

4. Dessine face, moustaches et queue. Ne t'applique pas trop, le dessin n'en aura que plus de caractère.

Pour faire des chats différents, change la taille, la forme et la face de chaque animal.

Une kyrielle de chats endormis

Un chat montre sa personnalité lorsqu'il est actif, mais il est indéniable qu'il dort aussi beaucoup ! Il est donc utile de savoir dessiner des chats en plein sommeil. La technique de la page de gauche peut parfaitement s'appliquer à des chats dormant enroulés sur eux-mêmes.

Tu peux dessiner ces chats sur du carton fin ou du papier pour réaliser des cartes de vœux, des calepins, des étiquettes pour des cadeaux… les possibilités sont infinies.

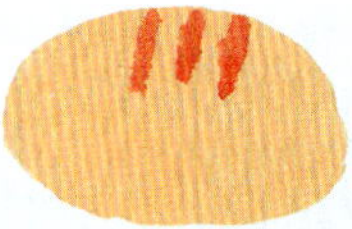

1. Peins le même ovale à l'horizontale et ajoute les rayures orange sur le haut, comme indiqué.

2. Dessine le contour et fais des oreilles, un cercle non fermé pour une patte arrière et trois pieds griffus.

3. Trace la face, avec deux arrondis pour les yeux. Finis par une queue qui pend, le bout enroulé.

Mythes et légendes

De tout temps, la force tranquille du chat ainsi que son allure gracieuse n'ont pas manqué de rendre les gens soupçonneux à son égard. Alors que le chien fait tout pour plaire à son maître, et que vaches et chevaux sont des animaux timides, le chat perd rarement son calme. Que sait-il qui nous échappe ? Peut-être se souvient-il du temps où il était vénéré comme un dieu.

Dans l'Égypte ancienne, le chat était adoré en tant que messager de la déesse Bastet. Tuer un chat, même par accident, était puni de mort.

Ce chat est un Mau, un représentant d'une ancienne race égyptienne.

La déesse-chatte

Il y a des milliers d'années, les Égyptiens de l'Antiquité vénéraient la déesse-chatte Bastet. Fille de Râ, le dieu du Soleil, elle protégeait son père, qui devait chaque nuit plonger dans le monde des ténèbres et émerger chaque matin. Pour les Égyptiens de l'époque, Bastet conservait la lumière du soleil dans ses yeux pendant la nuit.

Plus de 300 000 chats momifiés ont été découverts dans un temple en ruine, situé dans le nord de l'Égypte.

La magie noire

Au Moyen Âge, le regard perçant du chat provoquait peur et hostilité. En 1233, le pape Grégoire IX décréta que les chats noirs étaient des créatures du diable. Beaucoup de gens les associaient à des sorcières déguisées. Dans toute l'Europe, ils furent capturés et brûlés vivants.

Au Moyen Âge, le massacre de nombreux chats a favorisé la propagation de la peste véhiculée par les rats.

Ce massacre a accéléré la diffusion de l'épidémie de peste noire, ou Mort noire. Cette terrible maladie, due aux puces suceuses du sang de rats infectés, extermina environ la moitié de la population européenne du XIVe siècle car il n'y avait plus assez de chats pour tuer les rats !

Au Japon, les statuettes figurant le « chat qui fait un signe » sont des porte-bonheur.

Le chat porte-bonheur

Au Japon, un Maneki neko est une sculpture représentant la déesse japonaise de la Clémence sous les traits d'un chat qui fait un signe. La légende dit que, un jour, alors qu'un seigneur déambulait devant un temple, un chat assis sous le porche lui fit signe d'approcher. À cet instant, un éclair déchira le ciel et s'abattit à l'endroit que venait de quitter le seigneur.

Chat alors !

On pense que les chats répondent mieux à leur nom quand il se termine par le son « i ». En voici quelques-uns :

- Bandit
- Catimini
- Chapi
- Cookie
- Graffiti
- Nerfertiti
- Timmy

Voici quelques faits extraordinaires concernant les chats que tu ne connais peut-être pas.

Question de poids

Le Singapura est le plus léger des chats du monde. Un adulte de 3 kg ne pèse pas plus qu'un chaton de six mois de race moyenne.

Le Maine Coon est le plus lourd des chats domestiqués du monde. Un mâle adulte peut faire dans les 12 kg et son corps peut être long de 1 m (autant qu'un lynx).

Bon à savoir : on dit une portée de chatons et une troupe de chats.

Ces chatons Main Coons deviendront imposants dans quatre à cinq ans, quand ils auront leur taille définitive.

Tout ouïe

Sur les 517 muscles que comporte le corps du chat, 60 se trouvent dans l'oreille. Le chat peut faire tourner son oreille de 180 degrés et ainsi l'orienter face au son détecté.

Babines retroussées

Le chat sent avec sa truffe, mais, plus surprenant, avec l'organe de Jacobson, situé au-dessus du palais. C'et pourquoi il retrousse les babines, laissant ainsi les odeurs entrer dans sa bouche !

Une vie de tout repos

Un chat passe environ 50 % de sa vie à somnoler, 15 % à dormir profondément et 30 % à faire sa toilette. Il ne lui reste donc plus que 5 % pour d'autres activités, comme manger et jouer.

Une grande famille

Dusty, une chatte Americain à poil court tigré du Texas, fut la mère d'une lignée impressionnante : pas moins de 420 chatons. Elle eut sa dernière portée à l'âge canonique de 18 ans (environ 85 ans chez un humain).

Cela reste un mystère, mais les chats ont la capacité de retrouver le chemin de leur maison après avoir parcouru de longues distances en terrain inconnu.

Le chat somnole environ 65 % de son temps.

En moyenne, une chatte peut, durant sa vie, donner naissance à plus de 100 petits.

INDEX

REMERCIEMENTS

Avec la collaboration de Simon Tudhope
Maquette de la couverture : Joanne Kirkby
Remerciements à Charlotte Thomas

CRÉDITS

(h = haut, m = milieu, b = bas, g = gauche, d = droite) :

© Jane Burton : 23h, 28d, 29b, 30b, 31, 32g, 33h, 38b, 39h, 44, 45d, 47, 51, 53b ; © Jane Burton/naturepl.com : 1b, 2b, 6m, 11h, 11b, 12, 15, 17, 18m, 23b, 35b, 43h, 55, 60m ; © Jane Burton & Mark Taylor/Warren Photographic : première de couverture, 7b, 8, 13hd, 14h, 19h, 21h, 25, 26b, 34b, 36h, 37h, 40b, 42b, 48b, 49h, 54b, 57, 62b ; © Juniors Bildarchiv/Alamy : 9m ; © Petra Wegner/Alamy : 20